本書出版得到
國家古籍整理出版專項經費資助

图书在版编目(CIP)数据

〔康熙〕顺天府志/(清) 张吉午纂修. —北京 :中国书店, 2011.7
(北京旧志汇刊) ISBN 978-7-80663-791-3

Ⅰ.①康…　Ⅱ.①张…　Ⅲ.①北京市-地方志-清代　Ⅳ.①K291

中国版本图书馆CIP数据核字(2011)第119032号

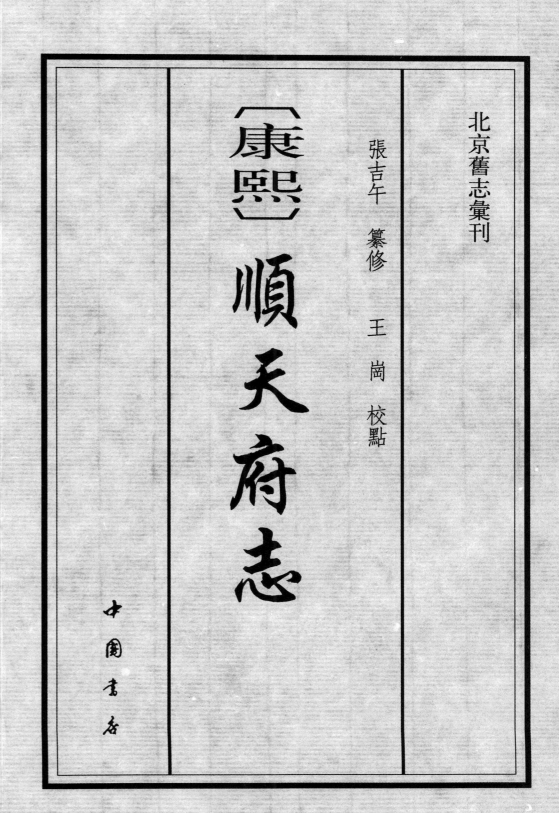

北京舊志彙刊
〔康熙〕順天府志　二函十六册
作者　張吉午 纂修　王崗 校點
出版　中國書店
地址　北京市琉璃廠東街一一五號
郵編　一〇〇〇五〇
發行　中國書店出版社
印刷　江蘇金壇市古籍印刷廠有限公司
版次　二〇一一年七月
書號　ISBN 978-7-80663-791-3
定價　二八〇〇元

北京舊志彙刊

張吉午 纂修　王崗 校點

〔康熙〕順天府志

中國書店

《北京舊志彙刊》編委會

主　任：段柄仁

副主任：王鐵鵬　馮俊科　孫向東

委　員（按姓氏筆畫排列）：

于華剛　王春柱　王　崗　白化文　李建平

馬建農　張　蘇　韓格平　韓　樸　譚烈飛

《北京舊志彙刊》專家委員會

馬建農　羅保平　白化文　母庚才

韓　樸　楊　璐　王　熹　郗志群

《北京舊志彙刊》編委會辦公室

主　任：譚烈飛

副主任：張　蘇　韓方海　韓　旭

成　員：劉宗永　雷　雨

《北京舊志彙刊》出版工作委員會

主　任：馬建農

成　員：雷　雨　劉文娟

開啓北京地域文化的寶庫

——《北京舊志彙刊》序

段柄仁

中華文明源遠流長，其燦爛輝煌、廣博深遠，舉世公認。她爲什么能在悠悠五千年的歷史長河中，不僅傳承不衰，不曾中斷，而且生生不息，歷久彌鮮，不斷充實其内涵，創新其品種，提高其質地，增强其凝聚力、吸引力、擴散力？ 歷朝歷代的地方志編修，不能不說是一個重要因素。 我們的祖先，把地方志作爲資

政、教化、傳史的載體，視修志爲主政者的職責和義務，每逢盛世，更爲重視，常常集中人力物力，潛心編修，使之前映後照，延綿不斷，形成了讓世界各民族十分仰慕的獨一無二的文化奇峰勝景和優良傳統。 雖然因歷史久遠，朝代更迭，保存困難，較早的志書多已散失，但留存下來的舊志仍有九千多種，十萬多册，約占我國全部歷史文獻的十分之一。 規模之大，館藏之豐，其他種類的書籍莫可企及。

作爲具有三千多年建城史，八百多年建都

史的北京，修志傳統同樣一以貫之。有文獻記載的最早的官修地方志或類似地方志是《燕十事》，之後陸續有《燕丹子》、《幽州人物志》、《幽州圖經》、《幽都記》、《大都圖册》、《大都志》、《洪武北京圖經》、《北平圖志》、《北平志》、《北平府圖志》等。元代以前的志書，可惜祇聞其名而不見其書，都没有流傳下來或未被挖掘出來。現存舊志百餘種，千餘卷，包括府志、市志、州志、縣志、街巷志、村志、糧廳志、風俗志、山水志、地理志、地名志、關志、寺廟志、會館志等，其中較早而又較爲完整的《析津志輯軼》，是從元代編修《析津志典》的遺稿及散存《永樂大典》等有關書籍中輯録而成的。明代最完整的志書《順天府志》也是鈔録於《永樂大典》。其餘的舊志，多爲清代和民國時期所撰。這些十分寶貴的文獻資料，目前散存於各單位圖書館和個人手中。有的因保存條件很差，年長日久，已成殘本，處於急需搶救狀態。有些珍本由於收藏者的代際交替，輾轉於社會，仍在繼續流

失之中。即便保存完好者，多數也是長期閉鎖於館庫之中，很少有人問津。保護、整理和進一步研究挖掘，開啓這座塵封已久的寶庫，使其盡快容光煥發地亮起來、站出來，重見天日，具有不可延誤的緊迫性。不僅對新修志書有直接傳承借鑒作用，對梳理北京的文脉，加深對北京歷史文化的認識，提供基礎資料，而且對建設社會主義先進文化，進一步發揮其資政教化作用，滿足人們文化生活正向高層次、多樣化發展的需求，推動和諧社會建設，都將起

其他文化種類難以替代的作用，是在北京歷史上尚屬首次的一項慰藉祖宗、利及當代、造福後人的宏大的文化基礎建設工程，具有重大的現實意義，必將産生深遠的歷史影響。

當前是全面系統地整理發掘舊志，開啓這座寶庫的大好時機。國家興旺，國力增强，社會安定，人民生活正向富裕邁進，不僅可提供財力物力支持，而且爲多品種、高品味的文化産品拓展着廣闊的市場。加之經過二十多年的社會主義新方志的編修，大大提高了全社會

對方志事業的認同感和支持度，培育了一大批老中青結合的修志人才。在第一輪編修新方志的過程中，也陸續整理、注釋出版了幾部舊志，積累了一定經驗。這些都爲高質量、高效率地完成這項任務提供了良好的條件，打下了扎實的基礎。

全面系統、高質高效地對北京舊志進行整理和發掘，也是一項十分艱巨的任務。需要强有力的領導和科學嚴密的組織工作。爲此，在市地方志編委會領導下，成立了由相關領導與

專家組成的北京舊志整理叢書編委會。采取由政府主導，市地方志辦公室、市新聞出版局和中國書店出版社聯合承辦，充分吸收專家學者參與的方法，同心協力，各展其能。需要有高素質的業務指導。實行全市統一規範、統一標準、統一審定的原則。製定了包括《校點凡例》在内的有關制度要求。成立了在編委會領導下的專家委員會，指導和審查志書的整理、校點和出版。對於參與者來説，不僅提出了應具備較高的業務能力的標準，更要求充分

對方志事業的認同感和支持度，培育了一大批老中青結合的方志人才。在第一輪編修新方志的過程中，也陸續整理、注釋出版了幾部舊志，積累了一定經驗。這些都爲高質量、高效率地完成這項任務提供了良好的條件，打下了扎實的基礎。

全面系統、高質高效地對北京舊志進行整理和發掘，也是一項十分艱巨的任務。需要有力的領導和科學嚴密的組織工作。爲此，在市地方志編委會領導下，成立了由相關領導與專家組成的北京舊志整理叢書編委會，采取由政府主導，市地方志辦公室、市新聞出版局和中國書店出版社聯合承辦，充分吸收專家學者參與的方法，同心協力，各展其能。需要有高素質的業務指導。實行全市統一規範、統一標準、統一審定的原則。製定了包括《校點凡例》在内的有關制度要求。成立了在編委會領導下的專家委員會，指導和審查志書的整理、校點和出版。對於參與者來說，不僅提出了應具備較高的業務能力的標準，更要求充分發揚脚踏實地、開拓進取、受得艱苦、耐得寂寞、甘於坐冷板凳的奉獻精神，爲打造精品出版物而奮鬥。爲此，我們厘定了《北京舊志彙刊》編纂整理方案，分期分批將整理的舊志，推向讀者，最終彙集成一整套規模宏大的、適應時代需求、與首都地位相稱的高質量的精神產品——《北京舊志彙刊》，奉獻於社會。

丁亥年夏於北京

《北京舊志彙刊》校點凡例

一、《北京舊志彙刊》全面收録元明清以及民國年間的北京方志文獻，是首次對歷朝各代傳承至今的北京舊志進行系統整理刊行的大型叢書。在對舊志底本精心校勘的基礎上重新排印并加以標點，以繁體字豎排綫裝形式出版。

二、校點所選用的底本，如有多種版本，則選擇初刻本或最具有代表性的版本爲底本；如僅有一種版本，則注意選用本的缺卷、缺頁、缺字或字迹不清等問題，并施以對校、本校、他校與理校，予以補全謄清。

三、底本上明顯的版刻錯誤，一般筆畫小誤、字形混同等錯誤，根據文義可以斷定是非的，如「己」「已」「巳」等混用之類，徑改而不出校記。其他凡删改、增補文字時，或由於文字异同造成的事實出入，如人名、地名、時間、名物等歧异，則以考據的方法判斷是非，并作相應處理，皆出校記，簡要説明理由與根據。

四、底本中特殊歷史時期的特殊用字，予以保留。明清人傳刻古書或引用古書避當朝名諱

的，如「桓玄」作「桓元」之類，據古書予以改回。避諱缺筆字，則補成完整字。所改及補成完整字者，於首見之處出校注説明。

五、校勘整理稿所出校記，皆以紅色套印於本頁栏框之上，刊印位置與正文校注之行原則上相對應。遇有校注在尾行者，校記文字亦與尾行相對應。

六、底本中的异體字，包括部分簡化字，依照《第一批异體字整理表》改爲通行的繁體字。《第一批异體字整理表》未規範的异體字，參照《辭源》、《漢語大字典》改爲通行的繁體字。人名、地名等有异體字者，原則上不作改動。通假字，一般保留原貌。

七、標點符號的使用依據《標點符號用法》，但在具體標點工作中，主要使用的標點符號有：句號、問號、嘆號、逗號、頓號、分號、冒號、引號、括號、間隔號、書名號等十一種常規性符號，不使用破折號、着重號、省略號、連接號與專名號。

八、校點整理本對原文適當分段，記事文以

時間或事件的順序爲據，論説文以論證層次爲據，韵文以韵脚爲據。

九、每書前均有《校點説明》，内容包括作者簡况、對本書的評價、版本情况、校點中普遍存在的問題，以及其他需要向讀者説明的問題。

目録

校點説明

卷之一 原稿闕

卷之二 地理

疆域 形勝 山川 風俗

物産 古迹 陵墓

卷之三 建置

沿革 城池 公署 學校

壇壝 廟寺 郵舍 關梁

卷之四 食貨

户口 田賦

卷之五 典禮

經費 祀享

卷之六 政事

歷官 職掌 名宦 武備

徭役

卷之七 人物

徵闢 進士 舉人 貢生

鄉賢 理學 忠貞 功業

廉直 儒林 孝義 節烈

流寓　隱逸　仙釋

卷之八　藝文

冊文　古誥　奏疏　議

論　書　序　記

傳　箴　贊　賦

詩

校點説明

北京自明清以來始稱順天府，且有官修之府志，明初所修《順天府志》已經散佚，今日難見其全貌，僅見《永樂大典》輯出少量殘卷。明代後期萬曆年間又曾纂修《順天府志》，其著述規模略顯單薄。清代初年，社會逐漸安定，文臣遂又提出纂修志書的建議，於是形成了全國修志書的一個小高潮。北京作爲首善之區，修志工作也逐步展開，從《大清一統志》的纂修，到《順天府志》的纂修，再到大興、宛平等縣志的纂修，取

得了一些成效，從著述規模而言却仍然顯得有些單薄。而從〔康熙〕《順天府志》的纂修，到〔光緒〕《順天府志》的重修，其間歷經二百餘年，官府却一直没有修訂過《順天府志》。

中國古代修志，大致有兩種情况，一種情况是政府官員修志，往往出於上級官員的要求，可以稱之爲「應景之作」，學術質量較差；另一種情况是學者修志，往往出於學者對於地域歷史文化的關注，有着一定的學術研究爲基礎，故而學術質量較高。〔康熙〕《順天府志》的纂修，

北京書志輯佚

〔康熙〕順天府志   林濤輯佚

〔康熙〕《順天府志》的纂刻，是清初有關北京的一宗重要文獻。清代自定都北京後，學術研究極為發達，故而藏書與修書成為學術界的兩大基礎。清而籍書與修書是學者藉以做學問的根基與手段。因之，地方志的編修在清代特別受到重視，大到全國性的《大清一統志》，小到一府一縣之志，無不備加重視。民間學者與官員著志，不僅出於學術資量較高，且一旦學者成為官員後，更把纂修地方志看成為政之要事。因而，中國古代地方志，大連有兩種書目，一種是由中央官府修的《一統志》之類，另一種是中央政府下旨令各省督撫乃至州縣官府組織人力，官府出資的信官《順天府志》的編纂刻本。

〔光緒〕《順天府志》的重纂，其間相隔二百餘年，而以〔康熙〕《順天府志》的編纂本、《順天府志》的編纂本為主。而今〔康熙〕《順天府志》的編纂本已然散佚，其間稍具規模的，如《大清一統志》的編纂本，《順天府志》的編纂本，《順天府志》的編纂本已散佚而言之實難悉考然細審之，北京作為首善之區，編纂志書工作由來已久。在明永樂年間，纂修《永樂大典》時，其書分類繁多，青升條辨，其會匯撰定的，又包括外北京作為首善之區，已是各省之冠。又歷萬曆年間又曾纂刻《順天府志》，其書亦散佚甚早，劉侗《水樂大典》錄出少量數卷。明時《順天府志》已經搜集，今日難見。北京自昔日書目以來散佚頗天府，且官刻之廣藝編殘闕。

大致屬於第一種情況，而〔光緒〕《順天府志》的纂修則屬於第二種情況。當然，政府官員修志，往往要聘請一些學者參加相應的工作，而學者修志，也要得到相關政府官員的大力支持。因此，〔康熙〕《順天府志》的纂修，就是當時擔任府尹的張吉午受上司之命的「應景之作」，而在纂修過程中則聘請了米漢雯等學者參加相應的工作。

我們今天見到的〔康熙〕《順天府志》，是一個殘本，缺了第一卷，因此許多重要的相關信息也隨之丟失了。如全書的編寫體例，參加編寫工作的主要人員等等，皆不得而知了。我們只是從其他的清代文獻中得知，主持這部府志纂修工作的，是康熙年間曾任順天府尹的張吉午，而參加纂修工作的，有當時著名文士米漢雯。關於張吉午，在清代的文獻當中記載是很少的。後人纂修的《清史稿》中没有爲他立傳，〔光緒〕《順天府志》中，也没有爲這位「父母官」留下片言隻語。我們只能從《清實録》和有些地方志中搜集到一些零星的記載，得知張吉午爲遼東奉天

鑲藍旗人，在順治年間開始擔任監察工作，到康熙二十一年，由僉都御史升任順天府尹。但是，他在順天府的任職時間并不長，到康熙二十五年，即由順天府尹升任通政使司的通政使。兩年以後，康熙帝認爲他「衰老失職」而讓他退休了。在他三十多年的宦海生涯中，主持纂修了〔康熙〕《順天府志》。

與〔康熙〕《順天府志》關係很密切的一位重要人物就是米漢雯。米漢雯在康熙年間的名聲是很大的，他有一個很好的家世，祖父就是明代末年的名士米萬鐘，以喜愛奇石而著稱。老岳父又是清朝初年的名士王崇簡，深得清朝帝王的寵信。他自己也很有才華，寫得一筆好字，作得文章也很漂亮，故而仕途十分風光。在一些清代文獻中都可見到他的傳記，如《清史列傳》、《大清畿輔先哲傳》和〔光緒〕《順天府志·先賢傳》等文獻中，皆爲其立有專傳。但是，在這些米漢雯的傳略中，却都没有涉及到他在史志纂修過程中的重要作用。經查《清實録》才得到了相關信息。在康熙十八年，他被政府薦舉，

并且受到康熙帝的親自考試，得到賞識，被任命爲翰林院編修，開始參加《明史》的纂修工作。到康熙二十四年，他又以翰林院編修的身份參加了《政治典訓》的纂修工作。翌年，他以左春坊中允的身份參加了《大清一統志》的纂修工作。然而，就在他仕途一帆風順的時候，却在康熙二十六年主持江南科舉考試的過程中出了麻煩，因爲録取的考生多是「紈絝子弟」而引發了其他衆多考生的騷亂，於是他被罷了官。直到康熙三十二年十月，康熙帝才想起這位名士來，提議爲他官復原職。

通過對米漢雯相關史料的梳理，我們不難看出，他在康熙年間的修志工作中是一位比較重要的人物，或者可以説是唯一參加了《大清一統志》、《順天府志》和《宛平縣志》纂修工作的名士。由於他是宛平人，又先後參加了三部志書的纂修工作，對於我們進一步加深對〔康熙〕《順天府志》的認識是有很大幫助的。首先，康熙年間開始纂修《大清一統志》，是否完成了，不得而知。我們今天能够見到的，衹是乾隆年間

纂修的志書。我們今天見到的〔康熙〕《順天府志》殘缺了卷一，從卷二開始，依次爲「地理志」、「建置志」、「食貨志」、「典禮志」、「政事志」、「人物志」和「藝文志」。當我們把這部府志與〔康熙〕《宛平縣志》加以比較，可以看出，二者在框架體例方面是極爲相似的。《宛平縣志》共分六卷、五類，即「地理志」、「營建志」、「食貨志」、「政事志」、「人物志」（分兩卷）和「藝文志」。據此，我們可以推測出〔康熙〕《順天府志》佚失的第一卷内容，或者是順天府整體的「圖」和「表」，或者是「京師志」。

就〔康熙〕《順天府志》的纂修時間而言，當始於康熙十一年左右，當時朝官衛周祚提出請天下郡縣皆修方志，得到康熙帝「詔允其請」，順天府爲京師首善之地，開始修志，應該不太困難。張吉午主持順天府的修志工作，應該始於他到這里任府尹開始，即康熙二十一年，直到他調到通政使司爲止，也就是康熙二十五年。顯然，他在順天府任職只有四年，在這么短的時間内修

成府志是很困難的，前任的府尹應該做了大量工作，但是目前已經無迹可尋了。在此後不久的雍正年間，大臣李衛主持纂修《畿輔通志》時就已經對順天府的府尹了解甚少，於是稱「康熙三十年以前册籍無考」。故而到光緒年間重修《順天府志》時，在順天府的歷任府尹中，也没有看到張吉午的相關信息。〔康熙〕《順天府志》的完稿時間，應該是在張吉午調走之前，因爲志書中的許多内容都是在康熙二十四年截止的。

就〔康熙〕《順天府志》的内容而言，從現存的二卷至八卷來看，分類是比較細致的。計爲七大類、四十三小類。《大清一統志》所列出的二十一個門類，在《順天府志》中基本上都有了。其中的有些重要内容，如「政事志」中的歷官、職掌、武備、徭役等，「人物志」中的理學、功業、儒林、隱逸等，都進一步加以細化。但是，也有一些較爲粗糙的地方，如「典禮志」中的祀享一類，其内容僅爲半頁，與書中的其他門類相比，顯得很不協調。此外，〔康熙〕《順天府志》中也有一些東西是很有價值的。例如，上文提及的

順天府尹的清朝歷任官員，到雍正年間已經無考了，但是在〔康熙〕《順天府志》中，從順治元年開始，有着較爲詳細的記載，到張吉午接任時止，共有二十二人擔任過順天府尹一職。值得注意的是，從雍正年間李衛主持纂修《畿輔通志》，到乾隆年間重修《大清一統志》，再到光緒年間重修《順天府志》，衆多官員和學者居然没有人見到過〔康熙〕《順天府志》。衹有著名學者朱彝尊在編寫《日下舊聞》一書時，曾經零星引用過一些〔康熙〕《順天府志》的資料。

這次點校〔康熙〕《順天府志》，因爲衹有這一個版本，没有其他版本可供對校，而書中的許多地方字迹又十分模糊，甚至無法辨認，衹得與現存的其他清代文獻加以比較和考訂。有些常識性的史實錯誤，則在書中加上注釋予以説明。點校者才疏學淺，時間倉促，錯漏之處在所難免，還請各位專家和讀者指正。

順天府志卷之二目録

地理

疆域
形勝
山川
風俗
物産
古迹
陵墓

北京圖志叢刊

(康熙)順天府志 卷之二目錄

- 陵墓
- 古蹟
- 祥異
- 風俗
- 山川
- 沿革
- 疆域
- 輿地

順天府志卷之二目錄

地理類小言

至哉坤德，廣載厚積。八紘九垓，權輿類别。世祖撥亂，膺有玉牒。延覽方區，卜定京邑。皇帝繼統，英華重葉。綏及不毛，威加窮日。生民以來，無兹開闢。實惟冀州，畿甸之域。礪山帶海，河洛是則。繹繹山川，瀠洄崒嵂。古迹丘陵，崇隱鱗接。邑乘州記，備有方物。慷慨之俗，禮義共式。惟皇有道，建此瑞址。景福綿綿，悠久萬祀。志地理。

疆域

順天府

東西廣八百八十里，南北袤五百二十五里。

東抵永平府界三百九十里。

南抵河間府界三百六十五里。

西抵山西蔚州界四百九十里。

北抵延慶州界一百六十里。

大興縣

編户三十六里。東西廣二十九里，南北袤一百二十七里。附郭。

東至通州界二十六里。

南至東安縣界九十五里。
西至宛平縣界三里。
北至昌平州界三十二里。

宛平縣

編户七十五里。東西廣一百八十八里，南北袤一百四十里。附郭。
東至大興縣界二里。
南至固安縣界一百一十八里。
西至涿鹿衛界一百八十五里。
北至昌平州界二十二里。

良鄉縣

編户二十里。東西廣三十八里，南北袤六十里。在府西南七十里。
東至宛平縣界二十里。
南至涿州界四十五里。
西至房山縣界十八里。
北至房山縣界十五里。

固安縣

編户三十八里。東西廣五十五里，南北袤一百一十里。在府西南一百二十里。

東至永清縣界二十五里。
南至雄縣界九十二里。
西至涿州界三十里。
北至宛平縣界一十八里。

永清縣

編户二十一里。東西廣五十里，南北袤六十里。在府南一百四十里。
東至東安縣界三十里。
南至霸州界三十里。
西至固安縣界二十里。

北至舊州界三十里。

東安縣

編户四十四里。東西廣二十里，南北袤一百五十里。在府南一百四十里。
東至武清縣界八里。
南至静海縣界六十里。
西至永清縣界一十二里。
北至大興縣界九十里。

香河縣

編户一十里。東西廣四十五里，南北袤五十

東至永清縣界二十五里。
南至雄縣界九十二里。
西至涿州界三十里。
北至宛平縣界一十八里。

永清縣

編户二十一里。東西廣五十里，南北袤六十里。在府南一百四十里。
東至東安縣界三十里。
南至霸州界三十里。
西至固安縣界二十里。
北至舊州界三十里。

東安縣

編户四十四里。東西廣二十里，南北袤一百五十里。在府南一百四十里。
東至武清縣界八里。
南至靜海縣界六十里。
西至永清縣界一十二里。
北至大興縣界九十里。

香河縣

編户一十里。東西廣四十五里，南北袤五十

五里。在府東南一百二十里。

東至寶坻縣界三十里。

南至武清縣界二十五里。

西至漷縣界十五里。

北至三河縣界三十里。

通州

編户三十二里。東西廣一百六十里，南北袤二百四十五里。在府東四十里。

東至三河縣界二十一里。

南至漷縣界二十里。

西至大興縣界二十里。

北至順義縣界三十五里。

漷縣

編户十里。東西廣六十五里，南北袤五十五里。在府東南八十里。順治十六年裁并通州。

東至香河縣界二十五里。

南至武清縣界三十五里。

西至通州界四十里。

北至通州界二十里。

三河縣

五里。在府東南一百二十里。
東至寶坻縣界三十里。
南至武清縣界二十五里。
西至漷縣界十五里。
北至三河縣界三十里。

通州

編戶三十二里。東西廣一百六十里，南北袤二百四十五里。在府東四十里。
東至三河縣界二十一里。
南至漷縣界二十里。
西至大興縣界二十里。
北至順義縣界三十五里。

漷縣

編戶十里。東西廣六十五里，南北袤五十五里。在府東南八十里。順治十六年裁并通州。
東至香河縣界二十五里。
南至武清縣界三十五里。
西至通州界四十里。
北至通州界二十里。

三河縣

編户三十五里。東西廣七十里，南北袤九十里。在府東一百一十里，州東七十里。

東至薊州界二十里。

南至香河縣界三十五里。

西至通州界五十里。

北至密雲縣界五十五里。

武清縣

編户二十八里。東西廣八十里，南北袤一百八十五里。在府東南一百二十里，州南五十里。

東至寶坻縣界五十五里。

南至静海縣界一百五十里。

西至東安縣界二十五里。

北至通州界三十五里。

寶坻縣

編户三十二里。東西廣八十里，南北袤一百七十五里。在府東南一百六十里，州東南一百四十里。

東至玉田縣五十里。

南至天津衛界一百六十里。

西至香河縣界三十里。

北至薊州界十五里。

涿州

編户四十六里。東西廣八十五里，南北袤五十五里。在府西南一百四十里。

東至固安縣界三十里。

南至新城縣界二十五里。

西至淶水縣界三十五里。

北至房山縣界三十里。

房山縣

編户一十六里。東西廣四百一十里，南北袤八十里。在府西九十里，州北五十里。

東至良鄉縣界一十三里。

南至涿州界三十里。

西至山西蔚州界四百里。

北至宛平縣界五十里。

薊州

編户二十六里。東西廣一百七十里，南北袤一百二十里。在府東一百八十里。

東至石門驛六十里。

南至寶坻縣七十里。

西至三河縣七十里。

北至黄崖關五十里。

玉田縣

編户二十二里。東西廣八十里，南北袤一百二十里。在府東二百六十里，州東八十里。

東至豐潤縣界四十里。

南至寶坻縣界九十里。

西至薊州界四十里。

北至遵化州界三十里。

平谷縣

編户一十三里。東西廣四十五里，南北袤四十五里。在府東北一百五十里，州西北七十里。

東至薊州界三十里。

南至三河縣界十五里。

西至三河縣界十五里。

北至三河縣界三十里。

遵化州

編户二十里。東西廣一百二十里，南北袤八十五里。在府東三百里。

東至遷安縣界五十里。

南至豐潤縣界五十里。
西至薊州界七十里。
北至羅文峪關一十八里。

豐潤縣

編户二十二里。東西廣七十里，南北袤一百六十里。在府東三百六十里，州東一百九十里。
東至永平府界三十里。
南至越支場鹽課司一百里。
西至玉田縣界四十里。
北至遵化州界六十里。

昌平州

編户二十七里。東西廣九十二里，南北袤一百五十里。在府北九十里。
東至順義縣界四十五里。
南至大興縣界五十里。
西至宛平縣界四十七里。
北至黄花路界一百里。

順義縣

編户二十七里。東西廣六十里，南北袤五十里。在府東北六十里，州東北八十里。

東至三河縣界三十里。

南至通州界二十五里。

西至昌平州界三十里。

北至懷柔縣界二十五里。

密雲縣

編户一十九里。東西廣一百五十里，南北袤一百三十五里。在府東北一百三十里，州東北一百一十里。

東至墻子嶺界九十里。

南至三河縣界三十五里。

西至懷柔縣界二十里。

北至白馬關界一百里。

懷柔縣

編户一十四里。東西廣一百里，南北袤四十里。在府北一百里，州東七十里。

東至密雲縣界二十里。

南至順義縣界十里。

西至昌平州界五里。

北至大水峪界三十里。

霸州

東至三河縣界三十里。
南至通州界二十五里。
西至昌平州界三十里。
北至懷柔縣界二十五里。

密雲縣

編戶一十九里。東西廣一百五十里，南北袤一百三十五里。在府東北一百三十里，州東北一百一十里。
東至墻子嶺界九十里。
南至三河縣界三十五里。
西至懷柔縣界二十里。
北至白馬關界一百里。

懷柔縣

編戶一十四里。東西廣一百里，南北袤四十里。在府北一百里，州東七十里。
東至密雲縣界二十里。
南至順義縣界十里。
西至昌平州界五里。
北至大水峪界三十里。

霸州

編户三十一里。東西廣一百八十里，南北袤六十里。在府南二百里。
東至静海縣一百二十里。
南至保定縣二十里。
西至新城縣九十里。
北至固安縣八十里。

文安縣

編户三十四里。東西廣七十里，南北袤七十里。在府南二百四十里，州南六十里。
東至静海縣九十里。
南至大城縣五十里。
西至雄縣九十里。
北至霸州六十里。

大城縣

編户三十四里。東西廣五十里，南北袤八十五里。在府東南三百二十里，州南一百三十里。
東至青縣界二十五里。
南至河間縣界四十五里。
西至任丘縣界二十五里。
北至静海縣界四十里。

保定縣

編户六里。東西廣一百三十里，南北袤六十里。在府南二百里，州南十八里。

東至永清縣界九十里。

南至文安縣界四十里。

西至雄縣界四十里。

北至霸州界二十里。

形勝

順天府（大興、宛平二縣附。）

東環滄海之波，西枕太行之麓，群山後拔，衆水前縈。紫荆、居庸、潮河、古北諸塞，并不逾二百里而遥，近且在百里内外，爲喉爲吭。或則背肩，若大遠而嵩、泰對峙以爲門，江河複繞以爲帶。三案重圍，九河歸宿，翔鸞鳳而走蛟龍，浣乾坤而浴日月，豈非天府之雄規，宸居之勝地哉！譬之一身，幽燕其元首也，牽左則左臂舞，掣右則右手旋，疆域雖遥，氣脉常貫。所以九州入貢，萬國來同。《周禮》曰：惟王建國，辨方正位，以爲民極。其在斯歟。

良鄉縣

北拱都城，南控涿鹿，東襟漯水，西擁房山。西山、盧溝，凡所以壯神臯者，邑皆得而延之揖之。

固安縣

鼎峙東南，平衍繩直。榆水足擬湯池，渾流可稱天塹。

永清縣

舊屬漁陽，近依畿輔。孤城百雉，欣瞻南浦飛雲；民社數區，喜見西山叠翠。

東安縣

南控海口，北接天城。四無山阜，平坦高曠。運河順流於左，三關拱峙於右。畿甸襟喉，冀燕唇齒。

香河縣

境險河侵，地窪沙積。十八堤忽決，則萬竈沉烟；五六尺不深，則千帆膠舵。神京左輔，逼似岐豐。

通州

上朝京闕，下控天津。潞渾二水，夾東南而會流；幽燕諸山，環西北而列峙。勢雄地衍，水

陸要衝。冠蓋往來，舟車輻輳，屹然畿東首輔。

三河縣

北倚華靈，南臨泇泃。東接薊遼之逵路，西通渤海之巨津。

武清縣

潞水東環，盧溝西注。南望海門而潮汐時通，北倚燕山而岡巒遠衛。

寶坻縣

滄海浩渺於東南，潮潞縈迴於西北。後環雲薊，前達天津。

涿州

召公之故域，燕昭之舊臺。古迹雖湮，依稀在望。畿南首郡，萬國喉咽。

房山縣

北障龍華，南屏鹿巇，西控飛狐之口，東藩固節之衢。雖附麗於山隈，大得鍾靈勝概。

薊州

東連碣石之雄，西作神京之障，滄溟注其前，關塞倚其後。逵衢遠會，帶水近縈，爲畿輔之東藩，踞河山之勝地。

玉田縣

背山面水，土脉豐饒。左則唐水龍環，右則石崖虎踞，咽喉榆塞，襟帶燕山。

平谷縣

東横大嶺，西峙兔山，南濱泃水，北倚瑞屏。山明水秀，林壑幽雅。

遵化州

北隣長城，西啓石門，鳳翥龍蟠，山持地軸，星翻斗滚，水浴天樞。

豐潤縣

東連孤竹，灤水遂作籓籬；西顧漁陽，喜峰乃稱阨塞。瀚海天限，關隘雲連，爲四塞險固之名區。

昌平州

山似陣雲，水如天塹。居庸鎖鑰，叠翠驚人。風震龍沙，烟封鳥道。神京西北，夙號屏垣。

順義縣

據通上游，自潮白抵直沽，如高屋建瓴。東泛登萊，南沂吴越，沛然莫能禦之。

密雲縣

關塞諸山，叠層其北。潞渾諸水，環繞其南。地形雄踞，疆宇衍開，天府中之岩邑也。

懷柔縣

遠控河濟，近連朔漠。倚山險，壓區夏，若坐堂軒，俯窺徑砌。岩岩畿北，亦形勢之要地也。

霸州

東挹滄瀛，西連涿鹿，南抱青曹，北拱京闕。居東南之左臂，爲錯壤之要區。境土平遥，村林葱鬱。

文安縣

地屬燕趙之舊，原野曠達平舒，匯有河渠，接連瀛、鄚。

大城縣

東襟滄海，南引青齊，西連涿鹿，北拱神京。四顧平坦，一披廣漠。

保定縣

前照金沙，後圍玉帶，烟望周迴，雄圖允壯。

山川

順天府大興、宛平二縣附。

鳳臺山在遵化州西北七十里，居馬蘭峪西。原名豐臺嶺，高數百仞，脉發太行，幹綜薊野，出乾入巽，左艮右坤，藏靈鍾萬世之王氣也。孝陵

鼎建，欽賜今名。

西山 府西三十里，發脉太行，拱護京邑。層巒積翠，疊嶂環青，梵宇琳宮，何止丘千佰。春夏之交，晴雲璧樹，花氣鳥聲，秋則亂葉飄丹，冬則積雪凝素。冀北大觀，莫是爲最。

香山 府西北三十里，有二大石，如香爐，象泉下注谷，亦名小清涼。

玉泉山 府西北三十里，有二石洞，一在山西南，水深莫測。一在山之陽，有石崖，刻「玉泉」二字。

金山 府西三十里。

盧師山 府西三十里，隋沙門盧師能伏二龍，故名。

平坡山 府西三十里。自香山折而東，開兩腋，陡其上，平原百里，草樹在目。春夏間，雨收雲幻，金碧萬千。元時建平坡寺，明憲宗行幸，見金剛面黑，笑曰：「此似火裏金剛」。一夕火起，而金剛灰。

覺山 府西三十里，與盧師、平坡鼎峙。有三泉，曰清泠、清旨、薦至。

棋盤山 府西三十餘里，有棋盤石。

五華山 府西三十餘里，五峰秀峙，宛若列屏。村民占雲氣爲雨候。

韓家山 府西三十六里，有漢韓延壽墓，即罕山也。

雙泉山 府西四十里，上有二泉。

翠峰山 府西五十里，一名遮風嶺。

仰山 府西七十餘里。山有五峰，曰獨秀，曰翠微，曰紫蓋，曰妙高，曰紫微。中有平頂如蓮房。

鳳凰山 府西南七十里，其勢迴翔如鳳翥然。

柏山 府西北青白口社山寺傍，多產柏。

潭柘山 府西八十里，山磅礴，連擁三峰，旁有二潭，潭上有古柘一，長不能丈，雖枯不朽。

石窟崖 府西北百十里，有石窟。

菩薩崖 府西北百二十里，有三石佛。

呂公岩 在玉泉山半，岩僅丈許，其深倍之。相傳呂仙往來處。

分水嶺 府西四十里，山勢廣闊，諸水分而爲二，一入盧溝，一入房山。

十八盤嶺 府西北八十里，山縈回十八折。

青山嶺 府西一百餘里，山谷幽邃，下臨清泉。

摘星嶺 府西二百餘里，高聳雲霄，僅通一徑。

卧龍岡 府西北四十五里，石堅白，蜿蜒如卧龍。明正統間，行幸於此。

彈琴峽 在居庸關，水流石罅，聲若撫弦。

桃花峪 府西四十里，介乎翠峰、遮風二嶺間，多花草。

玉河 自府西北二十里玉泉出，流入大内，出都城，注大通河。

大通河 府南，自玉河而出，繞都城，經大通橋，赴入白河。

盧溝河 府西南二十里，本桑乾水，又名漯水，俗曰渾河。源出山西大同府桑乾山下，經太行，入宛平境。出盧溝橋下，東南至看丹口。分二支，一赴通州高麗莊，入白河；一南經固安，至武清小直沽，與衛河合流，入海。

泡子河 崇文門東，城角窪然一水是也。

飛放泊 府東南，北城店有黄埃莊、飛放泊。

燕家泊 府西北二十五里，流入丁家潭。

海淀 府西北，詳《景物略》。

西湖 府西北三十里，玉泉山下。清泉澎湃，瀦爲湖波。十里菰蒲，一泓羅縠，涼風鵝鸛，明月芰荷，山色水聲，令人神爽。

太湖 府西南四十五里，廣袤十數畝。二泉涌出，經冬不凍，東流爲洗馬溝。

清水河 府西百十里，大臺村入渾河。

百泉溪府西南一十里，麗澤關外平地有泉散繞周行，匯而成溪，入柳林河。

小溪府西北二百餘里，發源清水，由桑峪青白口村歸渾河。

龍潭盧師山，潭廣丈許，巨石覆之，深不可測。大青、小青二龍潛此，出則雲氣隨之，禱雨輒應，立廟碑。

積水潭舊名海子，在府西三里，西北諸泉匯此。

玉淵潭府西十里，元人丁氏故池。柳堤環抱，景甚蕭爽，沙禽水鳥，翔集其間。

玉泉府西北三十里，泉涌螭口，潺湲寧峪中，奔逝揚突，有驚濤倒峽勢，鳴聲雷撼，下注石池，浮藻子魚，青碧如鏡。

桌錫泉府西三十里，碧雲寺後。

洗馬溝府西南四十五里，流從太湖光武北巡，洗馬於此。

魚藻池在正陽門外東南，詳《古迹》。

九龍池天壽山西南，泉出九穴，鑿石爲龍，水從吻出，瀦而爲池，以備游觀。

玉蓮池在五華山上。

良鄉縣

燎石崗縣治東北里許，南北輪騎皆出其下。按《金史》作燎崗，石皆赤色，廣陸間屹然獨立。

琉璃河縣東南四十里，即古聖水，自房山龍泉峪流至固安，入拒馬河橋。

鹽溝水縣南，自龍門口東南，與廣陽水合。

龍谷泉縣西北，極甘。

南陟溝、北陟溝縣東。一名洹水，經涿州流入桃水。

固安縣

易水即燕丹送荆軻處也。東過安次縣，經流其地，今涸。

渾河縣西十餘里，乃黄河伏流，自馬邑桑乾山發源，東經宣府鎮及蔚州，至黑龍潭，奔流澎湃，勢如殷雷。東過土木，復折而南，入太行山，經宛平

出盧溝橋下，流入縣境。

永清縣

桑乾河 即古漯河，又名小黄河。遷徙無常，土人稱爲渾河。大禹疏之。河之一源，出馬邑縣洪濤山。

拒馬河 縣東南五十里，在古信安郡内，爲九河曳尾之墟。

東安縣

渾河 經縣西地僅七里餘，分脉處衝决不常，時爲民害。至萬曆二十三年，河徙霸州，泥沙舊址，悉爲沃壤。

九河 東安居九河下稍，河在城北，其名有漕河、徐河、石橋河、一畝泉河、滋河、沙河、鴨兒河、唐河，入易水。

白溝河 在縣治西八十里，其源自栲栳圈。

桃水 受涞水、東至安次，入古地河。

易水 其源出固安縣閆鄉西山。

古渾河 在渚河港，西通信安，宋運軍餉故道。

三川 大石橋之流爲東川，西浮橋之流爲西川，八里迤西之流爲南川。

滂子淀 在縣南三十里。

垂楊渡 在東沽港之北。

渚河港 東接武清三角淀，西接永清渾河。

西凉港 在于家堤西南。

宋六口 在東沽港西北，蓮葦延生，清漪可愛。

得勝口 在宋六口西南。

東沽港 在縣治南五十八里。

小河溝 其源自渾河，經東安境，入武清界，達於潞河。

桃河泊在縣南五十里。

吕公河在縣南五十里。

蓮花泊在縣南三十里。

香河縣

扳罾口河縣西十里，流入白河。

駱駝港縣北八里，自三河縣兔山發源，入白河。

百家灣縣北五里，水無源，四時不竭。昔居人百家，淪没風雨，昏晦尚聞鷄犬聲。

龍灣縣南四十里爲大龍灣，南爲小龍灣。二水夏秋合流，經寶坻，入七里海。

通州

孤山城東三十里，四面平曠，一峰挺秀。

潞河又名白河，源出密雲縣。

通惠河舊名大通，源自昌平州白浮村神山泉。元世祖時，引玉泉通舡，直抵京倉，漕計利甚，因改名通惠。

渾河州城南，源出大同府桑乾山，流至盧溝橋，分脉入潞河。

金盞兒淀州北二十五里，廣袤三頃，水中有花似金盞。

張家灣城南十里許，即白河下流，舊有張氏族人，因名。

運河漷縣東四里，即通州潞河也。

新河在漷縣西，一名漷河。自盧溝水分流至縣界，折而爲三，其一經東入白河，其一爲新莊河，南流武清縣界，其一爲黄漚河，東注馬家莊飛放泊。

延芳淀在漷縣西十里，廣數百畝，多芰荷、鶩雁，今屬通州。

三河縣

靈山縣北十五里，泉清可愛。

華山 縣西北四十里，出花斑石。

鳳凰山 縣西北五十里。

聖水山 縣西三十五里，上有聖水，可愈眼疾。

駝山 縣北六十里，以形似名。

栲栳山 縣東北二十里。

七渡河 一名黄頒水，源自順義縣黄頒峪，流經三河縣界，入白河。

泃河 自平谷縣界，經三河縣北，至寶坻境。漢臨泃縣以此水名。

鮑丘河 縣西二十三里，源自口外，南流經密雲，合沽水，入泃河。

泇河 縣北五十里，源自密雲，經縣，入泃河。

武清縣

三角淀 縣南，周迴二百餘里。自范甕口、王家坨、劉道口等河，諸水所聚，東會清沽港，入於海。

直沽 縣東南，通衛河、白河、丁字沽，合流於海。

清沽港 縣南八十五里，接安沽港，合丁字沽，入海。

寶坻縣

潮河 縣東，一名白龍港。自梨河、泃河、鮑丘河至三岔口，會流爲潮河。又東南一支，至豐臺，再會浭水，名懷襄河。其南流，過梁城所、蘆臺，抵北塘口，入海。

柳沽河 縣東南八十里。

渠河 自香河縣蒲石河東注，經流城池。

豐臺河 縣東南九十里，半匯浭水，注潮河，抵北塘口，入海。

八門城河 縣東南七十里，通薊州漕運。灌溉七十二沽，居民利之。

七里海 縣東南一百三十里。

南青溝，北青溝 俱在縣東南四十里。

七十二沽 俱在縣東南。

潮河堤 自縣西北金陵口抵縣東南江淖口，二百餘里，久爲寶坻障蔽，歲時修築。

涿州

獨鹿山 獨即濁，濁、涿聲相近，即涿鹿山。州城西十五里，下有鹿鳴澤。服虔注：漢武元封四年，祠雍五時，由回中北，出朝那蕭關，歷獨鹿、鳴澤。即此。

石虎山 州城西五十里，有二石，狀如虎。

鐵柱山 州城西，相傳禹治水始於冀，以鐵柱維舟。

龍安山 州西五十里，時有雲氣騰繞於上，宛若龍然。

安樂窩 州北十二里，邵康節先生居此。

拒馬河 州北郭外，源自紫荆，歷鐵鎖崖，東注三角淀。

湖梁河 舊名胡良，州北十里，源出房山，經州東北入琉璃河。

渾河 州東三十里，桑乾下流。

范水 州城西南，魏置范陽郡。

涿水 自上谷郡，經涿鹿諸山，入拒馬河而東。

洗馬潭 州城西，張桓侯洗馬處。

月池 州城西南十八里，廣三頃餘，形如月，今涸。

乾池 州西十五里，一名百尺乾。

岐溝 州城西南三十里，宋設關於此。

南陟溝，北陟溝 又曰洹水，東流入桃花潭。

清泉 在州盤坡，流至桑葉澗，入拒馬河。

督亢陂 州東南十五里，燕太子丹使荊軻賫圖即此。北魏時，修以灌田，民甚賴之。今涸。

房山縣

大房山 縣西二十五里，幽燕奥室。

石經山 縣西南五十里，峰巒秀拔，若天竺山，故謂之小西天。下有雲居寺。

三峰山 縣西北五十里，三峰并矗，高插晴昊。

黄山 縣西南三十里，爲桃葉口要害。

穀積山 縣西北五十里，峰巒突起，形如積穀。下有三學洞，洞皆石室，每室可容四五十人。

大安山 縣北八十里，有大安館，五代幽州節度使劉仁恭建。

上方山 縣西南三十里，梵宇甚多。

茶樓頂山 縣西二十里。

六聘山 縣西三十里。

般洲山 縣西南五十里，上有二寨，石室環列。

白雲山 縣西南八十里，時有白雲繚繞山腰。

馬鞍山 縣北六十里，有龐涓洞。

紅螺嶮 縣西南四十里，即幽嵐山。通體一巒，犯雲霧而上，非人徑也。明成化時，樵始徑之。嘉靖時，僧始宇之。萬曆時，人始游之。

孔水洞 在大房山東北，懸崖千尺，石竇如門，水深不可測，有白龍出游，樵牧往往聞絲竹音。有人乘桴窮源，五六日無所抵，惟仙鼠晝飛，頫鱗游泳。開元間旱，以金龍、玉璧禱之。輒應。金大和中，見桃花浮出，其瓣徑寸。

雲水洞 在上方山嶺西，洞中諸景備。見《紀略》。

[注一]原本「盧」誤作「蘆」。

石經洞 在石經山。隋大業中，法師知苑居此，願刻佛經一藏。唐貞觀中，了《涅槃經》而苑化。其徒相繼歷遼、金，始卒業。貯洞者七，貯穴者二。洞則鍵以石户，穴則鎮以浮圖。明洪武間，遣僧道衍來觀，留詩而去。

白雲嵎 縣西南五十里。山峻絶，其頂常有雲氣旋繞。

賈島峪 縣西十五里，一石庵，即島所居。

龍崡峪 縣西二十五里。

峨眉峪 縣西十五里，形如峨眉。

龍泉河 自縣大安山流入琉璃河。

湖梁河 自房山，經涿州，入琉璃河。

挾河 縣東南，源出中院谷，至涿州，與湖梁河合。

廣陽水 出縣北公村，經廣陽故城，與盧溝水合，[注一]入桑乾河。

一斗泉 上方山東北山坳間。

杕引泉 縣西南六十里，仰涌成溪，入湖梁河。